Los Secretos Para Utilizar SEO

(Versión en español Octubre 2015)

Por
Salvador Ferreira Franco
(Autor)

Copy rigth

"Los Secretos para Utilizar SEO (versión en español 2015)" – Salvador Ferreira Franco

Copyright- registro en www.safecreate.com:
Código 1209202373274
Fecha 20-sep-2012 16:54 UTC
Licencia: Todos los derechos reservados
México

Publicado por: www.escuelademarketingglobal.com

Contacto:

Ingresa a nuestro sitio, suscríbete, y llévate un obsequio gratis:

www.escuelademarketingglobal.com
www.escuelademarketingglobal.net

escuelademarketingglobal@gmail.com
freelancenegocio@gmail.com

https://www.facebook.com/Escuela-de-Marketing-Global-938055646252015/

@e_marketing_g

Aviso legal:

Todos los derechos reservados. Esta obra está protegida por derechos de autor internacional y de protección de la propiedad intelectual, por lo que ninguna parte de este libro puede ser reproducido o trasmitido en ningún formato, está prohibida la copia, reproducción, venta o distribución, sin el conocimiento o autorización del autor. Si usted incurre en cualquiera de las irregularidades mencionadas, será llevado ante la ley para los casos derivados de los mismos ante los tribunales del país que se trate.

Si bien la información plasmada se ha tratado de obtener lo más veras posible con información actualizada, ni el autor ni la editorial, asumen ningún tipo de responsabilidad si es que existiese omisiones o errores, o también por diferencia d interpretación en el tema o temas expuestos. El lector asume toda la responsabilidad por el uso de esta información

.

Copy rigth

"Los Secretos para Utilizar SEO (versión en español)

Dedicado a:

Este es mi primer e-Book que realice para publicar por mí, había hecho muchos otros para otras personas, pero decidí realizar mi propio trabajo, el cual dedico a mi esposa Regina, que me da la fuerza en los momentos difíciles para seguir adelante y estar a mi lado hombro con hombro en la vida. A mis hijos David y Guillermo, que son el motor de mi inspiración, la luz de mi camino y la vida, por permitirme tener las mejores experiencias de la misma. A mis padres, que han sido siempre mis guías, confidentes, ejemplo a seguir, y a mis hermanos, siempre compañeros de mil experiencias desde la infancia, y a toda mi familia en general para no omitir a nadie que, están y estarán en mi alma toda la vida.

Salvador Ferreira Franco
(El autor)

"Los Secretos para Utilizar SEO (versión en español)

Sobre el Autor:

Salvador Ferreira Franco

Tiene estudios universitarios realizados en la E.N.E.P. Acatlán-U.N.A.M, padre de familia y desde hace varios años un apasionado de la tecnología y los negocios por internet, dedicándose desde el año 1999 a incursionar en el magrketin, y de manera intensa desde 2010 a la fecha, a brindar y realizar servicios como freelance dando servicios online a diversos clientes del muchas partes del mundo.

Fundador y creador del sitio *www.escuelademarketingglobal.com*, el cual se dedica a enseñar a otros emprendedores a realizar su emprendimiento en el mundo del Internet. Así como del canal en YouTube "Cómo Ganar Dinero con el Sitio Neobux 2015" y otros más. En constante capacitación sobre diversos temas implícitos en el mundo del Internet.

Ahora presentando al mundo este trabajo como parte de ese constante trabajo de enseñar a otras personas a aprovechar los beneficios del uso de las tecnologías y herramientas del internet.

Contenido

Introducción 9
¿Qué es SEO? 11
Ahora usa SEO 15
La antigua escuela de la optimización del sitio 15
La antigua escuela de vincular 17
El Web Site 19
El Panda 20
El pingüino 21
Después del Origen 23
El SEO solido 24
Destapar el sitio del olvido 25
El desarrollo de su nuevo sitio con el poder completo de SEO 28
Conclusión 34
Contacto con el autor: 35

Introducción

El marketing en Internet se ha disparado en tan sólo unos pocos años de forma exponencial. Cada año, decenas de miles de personas saltar en él.

No tomo mucho tiempo para que mucha gente este aprendiendo acerca de SEO. Sobre todo por el valor que puede tener con ello. Este es por lejos el sistema libre más popular para dirigir el tráfico a nuestros sitios web.

En SEO el 95% del tráfico proviene de los motores de búsqueda de Google. Por eso, cuando Google cambia sus algoritmos, decenas de miles de sitios web caen en el olvido durante la noche. Y eso es un problema para usted.

Pero ahora, por ti, he descubierto la manera de evitar que eso suceda. Y que incluso, por eso el motivo de este trabajo, para ayudarte a que sigas "vigente" dentro de la Internet. Tanto si estás empezando con SEO o lo han estado haciendo durante años, este libro puede ayudarte. La idea es hacer fácil y práctico para usted.

Nota: este libro no es, ni pretende ser de alguna manera, algo complicado para comprender lo que es el concepto de las herramientas de SEO, y ser el "camino real" de a dónde ir desde aquí no es técnicamente detallado, para no enfrascarnos en un problema del que te quedes aun con más dudas. La intención es se comprenda en un momento dado, el funcionamiento de las herramientas que componen y forma lo que se conoce como SEO.

Eso por lo anterior, que creo que el SEO no es tan complicado como la mayoría de los vendedores online, piensan que fuera a ser, y que incluso, con un poco de práctica, y dedicación, cualquier persona puede emplear para beneficio propio, sobre todo, si está inmerso en el mundo del internet, y tiene o no negocios online, simplemente con el hecho de tener algún sitio o blog online, es suficiente razón para conocer esta potente herramienta: SEO.

Sólo tienes que seguir algunas reglas y que va a hacer mucho mejor que la mayoría de sus competidores, así pues este de los primero pasos a dar para que tengas éxito en el manejo de SEO.

Y ahora, vamos a empezar.

¿Qué es SEO?

Según la definición que podemos darle a lo que es SEO seria esto: SEO son las siglas en inglés abreviando lo que significa que es "optimización de motores de búsqueda" (Search Engine Optimization) o de "optimizador de motores de búsqueda" (Search Engine Optimizer). Contratar a alguien, o elaborarlo por su cuenta (que lo más conveniente) a un SEO, es una decisión muy importante que puede mejorar tu sitio y ahorrarte tiempo, aunque también te arriesgas a dañar su funcionamiento y reputación. Asegúrate de averiguar tanto las posibles ventajas como los daños que un SEO poco solvente puede provocar en tu sitio. Muchos SEO y otras agencias y consultorías ofrecen servicios útiles para los propietarios de sitios web, como:

- revisión del contenido y la estructura del sitio
- asistencia técnica en el desarrollo de sitios web: por ejemplo, alojamiento, re direccionamientos, páginas de error, uso de JavaScript, etc.,
- desarrollo de contenidos,

- administración de campañas de desarrollo empresarial online,
- investigación sobre palabras clave,
- formación en SEO,
- experiencia en sectores específicos y regiones geográficas.

Recuerda que la página de resultados de búsqueda de Google a menudo incluye resultados de búsqueda orgánica y, a menudo, publicidad de pago (indicada por el encabezado "Enlaces patrocinados"). Anunciarse en Google no influye en la posición en que tu sitio aparece en los resultados de búsqueda. Google nunca acepta dinero por incluir o clasificar sitios en nuestros resultados de búsqueda; aparecer en los resultados de búsqueda orgánica es gratuito.

Existen recursos gratuitos como las Herramientas para web masters de Google, el blog para web masters oficial y el foro de debate, que pueden proporcionarte una gran cantidad de información sobre cómo optimizar tu sitio para la búsqueda orgánica.

Antes de empezar a buscar un SEO, es importante formarse como consumidor y familiarizarse con el funcionamiento de los motores de búsqueda

Hay una razón por qué SEO es sin duda el más utilizado para generar tráfico en línea de forma gratuita, y lo mejor, no tienes que invertir ni un solo pesos, simplemente un poco de tiempo. Es una nueva forma de tener más ventas y el tráfico en la web que buscas.

De hecho, hay varias razones por lo que muchos buscan utilizar SEO

En primer lugar, generar flujos de ingresos enormes. Cuando usted tiene un ranking de páginas web en el # 1 para sus palabras clave, hará dinero día tras día, ya sea que trabaje en ella o no, (este es el sueño de cualquier negociante online, generar ingresos diarios). En la actualidad, es lo que muchos buscan, y más con la apertura de la globalización y el mercado mundial online.

Por otro lado, estar más arriba, no quiere decir que nunca se debe volver a "jugar". Es justo decir, que no siempre va a necesitar su atención, como las campañas de tráfico pagadas que puedes mandar hacer, y que te salen carísimas, para llegar a los mismos resultados, si tú lo haces por tu cuenta.

Así que muchas personas utilizan SEO por pensar resulta que es barato. Usted no necesita una gran inversión para empezar.

De hecho, lo único que necesitas es un poco de dinero para adquirir su nombre de dominio y hosting, que bueno, incluso existen muchas páginas en la web que te los otorgan gratuitamente (hasta con esa ventaja).

Construir vínculos de retroceso, la redacción de artículos, la creación de videos, que toman un poco de tiempo, pero el dinero no (a menos que se subcontratan). Y puesto que la mayoría de los vendedores tienen más tiempo que dinero, esta es una buena manera para ellos para dirigir el tráfico, así de simple.

Finalmente, el tráfico de motores de búsqueda es muy específica. Hoy en día, la gente va a Google cuando tienen un problema. Cuestiones tales como pérdida de peso, el divorcio, el dinero, las enfermedades del corazón, mal comportamiento. El buscador de Google tiene la respuesta para todo. Usted sólo tiene que escribir su pregunta en el buscador, pulse la tecla Enter, y listo, Google te ayuda.

Y ellos no sabían lo que si su sitio web está en la cima de las listas, USTED es el que tiene la oportunidad de ayudar a que los usuarios de Google le visiten de pasadita.

Eso es más que una oportunidad de negocio bueno para mí y para ti, ¿entonces, porque desaprovechar la oportunidad? ....

Pero aquí está la cosa: el mundo cambia en línea todos los días. Esto incluye los motores de búsqueda, y cómo los dueños de negocios pueden utilizar SEO para atraer tráfico.

Para comprobar esto, echemos un vistazo a cómo SEO ha cambiado a lo largo de los años a ser ahora la técnica de uso más por muchos "gurús" del ciber- espacio en la actualidad.

Ahora usa SEO

Google apareció por primera vez, y el alcance que tenía que promocionar y vender cosas, no se tenía muy claro para muchos, sólo unos pocos sabían el potencial de este, e incluso el alcance que podía tener, y era fácil para clasificar un sitio web en el único momento en las palabras clave. Esto se basa en la optimización en el sitio y la optimización tanto fuera del sitio.

La antigua escuela de la optimización del sitio

Todo lo que tenías que hacer era meter tu sitio. Solía ser que todo lo llena de palabras y estaban atacando, y que te conseguirías tráfico.

Lo único, digamos que se han orientado, son las palabras clave "cómo perder peso".

Como ejemplo esta: Si escribió eso en Google, que era bastante común encontrarse con sitios que visto de esta forma, y observaras lo siguiente (no, no estoy bromeando):

Cómo bajar de peso como perder peso como perder peso como perder peso
Cómo bajar de peso como perder peso como perder peso como perder peso
Cómo bajar de peso como perder peso como perder peso como perder peso
Cómo bajar de peso como perder peso como perder peso como perder peso
Cómo bajar de peso como perder peso como perder peso como perder peso
Cómo bajar de peso como perder peso como perder peso como perder peso
Cómo bajar de peso como perder peso como perder peso como perder peso
Cómo bajar de peso como perder peso como perder peso como perder peso

.... Ridículo, ¿no lo crees?

De todos modos, no tardó demasiado en que Google se dio cuenta de que una densidad de palabras clave demasiada alta, no entregar contenido de calidad para el lector.

Y como se considera la densidad de palabras clave "optima", pues del de 1% a 3% (y esto dependiendo de con quién habló, todo el mundo recomienda algo diferente).

En cuanto a la vinculación interna, ¿que no era muy importante? Usted podría ligarse a entrar en su propio sitio para mantener al visitante allí por más tiempo, pero no fue requerido por cualquier medio.

Su sitio web no tenía necesidad de ser "limpiado" literalmente. Usted podría tener imágenes por todo el lugar, los colores feos, altos índices de rebote (es decir, los visitantes así eran enganchados, no se quedó mucho tiempo esta mala práctica), toneladas de código extra, y un montón de cosas desagradables.

Pensando que las cosas toman el lugar que solían ser fácil. A través de los años, sólo en los últimos años ha comenzado a hacer realmente una diferencia.

Ahora vamos a hablar de los vínculos de retroceso.

La antigua escuela de vincular

Podría suceder que todos los back links son tratados de la misma forma. El sitio con la mayor parte de los vínculos de retroceso iba a ganar, a pesar de lo que la optimización del sitio web en el sitio era.

No importaba si su retroceso fue de los foros, directorios de artículos, blogs autoridad, los sitios.

Aunque lo anterior parece razonable, en primer lugar, se había abusado. Software automatizado hizo muy fácil de back links de spam en todo el Internet. Hoy en día se puede comprar miles y miles de vínculos de retroceso a su sitio web todos los días por menos de $ 100 al mes, lo cual representa un de dinero

Y eso solía funcionar a la perfección.

Conocía las historias de los vendedores que lanzar un sitio web, y la caída de miles de vínculos de retroceso a todo el lugar, y la tengan en el puesto # 1 en sólo unos días, si solo en cuestión de horas.

Con el tiempo, sin embargo, Google se dio cuenta, de que esto no fue la entrega de contenido de calidad a sus lectores. La gente deja de usar Google, debido a que los resultados serían muy spams, ósea con demasiado contenido "basura", varias veces-no es bueno.

¿Y entonces qué sucedió después de que Google decidió luchar con los pandas y los pingüinos?

El Web Site

Ha habido dos tipos principales de cambios en los últimos 2 años donde hubo muchos tropezones para decenas de miles de sitios web. El primer tipo se llama Google Panda, y el segundo (más reciente) tipo es Penguin. SEO es una importante estrategia muy importante y eficaz a utilizar en el ancho mundo del Internet, ¿por qué?, Bueno, sólo ver los muchos sitios que hay en la Internet.

El Panda

Panda de Google ha realizado la actualización y se ha dirigido a una sola cosa: la mejora de la experiencia de los usuarios del motor de búsqueda de Google. ¿Y realmente sucede, tu qué opinas?

Cuando Google ha notado que los visitantes odiaban ir a los sitios web pequeños, y aparecían los famosos "spam" en busca de contenido de baja calidad, entonces decidieron dirigirse a sitios que tenían estas características:

- Muy bajo Page Rank (PR) back links
- Desigual velocidad back links (no llegó demasiado rápido o lento)
- Demasiados / no hay suficientes palabras clave
- Las tasas de abandonos
- Para muchos enlaces desde los mismos sitios
- Optimización en el sitio Malo (sin enlaces internos)
- No o muy pocos enlaces salientes

Había también otros elementos, pero estos son algunos de los más comunes y grandes que Google noto y quiso atender.

Aunque Google ha tratado de avanzar en esa dirección durante un tiempo, está el hecho de que solidificó su automatizado, el correo no deseado donde las cosas no funcionaban todavía en muchos casos.

Los vendedores que habían estado utilizando SE Nuke, Xrumer, el artículo de Marketing Robot, Scrapebox, y docenas de otros programas back links automatizados, perdiendo sus negocios por entradas durante la noche.

Y en un momento, otros sitios web que había sido construidos por el camino correcto, rodada en los rankings que se iban teniendo o logrando.

Mientras que algunos vendedores gritaban, otros saltaban de alegría.

Aunque esto no fue suficiente. A pesar de las actualizaciones de Panda (que continuaron llegando durante algunos años) había causado unas olas enormes, Google no se ha hecho todavía para esos ayeres como hoy en día le conocemos de fuerte en la industria.

El pingüino

A pesar de los esfuerzos de los cambios a Panda y que eran enormes y las actualizaciones de Google y algo nuevo: pingüino sucedió. Realmente sacudió las cosas.

Según el portavoz Matt Cutts de Google cuando se trata de SEO, los sitios web con un gigante de tiro al blanco para que se rompan, eran los que estaban "por encima optimizando".

Pero, ¿qué fue eso? Bueno, además de los elementos mencionados anteriormente, probablemente el mayor cambio fue sobre el texto back links entrantes.

En otras palabras, si el 97% de los back links de un sitio web, en donde todos tenían el texto de anclaje de "cómo perder 10 libras en una semana", o lo que sea, a Google este tipo de pensamiento que le parecía sospechoso.

Y esa clase de razonamiento de las personas para tratar de posicionar un sitio, es, cuando se piensa en ello. ¿Cuánta gente va a enlazar un artículo que encontraron con el ancla de texto así?

Como complemento, el perfil de anclaje de texto que incluyen más realistas suficientes palabras clave, al igual que otros como perder peso, bajar de peso rápido, perder 10 libras, cómo este hombre perdió 10 libras, este artículo, etc.

Cualquier otra diferencia que Google vio, fue: ¿Dónde está la mayor parte de este tráfico en el sitio que viene? ¿Es todo lo que viene de mi motor de búsqueda? ¿O es que también viene de artículos como invitado, en Facebook, artículos, videos, comunicados de prensa, y un montón de otros lugares a través de Internet?

Una vez más, esto tiene sentido. Un popular sitio web de tráfico para obtener toneladas de diferentes lugares, no sólo motor de búsqueda de Google.

Y mientras tanto, un sitio web que ha sido optimizado puede estar recibiendo toneladas de tráfico de Google, pero ninguno de otros lugares. El pingüino no le gustó a mucha gente, pues esto, así a muchos sitios web se les aplastó.

Después del Origen

Miles de sitios web se han visto afectados por el Panda y el Pingüino, pero para algunos realmente prosperó.

Ahora que hemos terminado con la lección de historia, vamos a entrar en la verdadera sustancia de este. Informe "how" o "cómo", para construir una base sólida como una roca SEO.

Todos los caminos que en el ciber espacio se han buscado para poder estar y ser rankeado entre los primeros lugares de posicionamiento, siempre ha sido con la finalidad de obtener ganancias. Y quien no quiere estarlo. ¿Por qué?

Bueno la respuesta es bastante simple, pues por qué estar en los primeros lugares, representa tener mayores posibilidades de ganar dinero, fama, crecimiento, mediante la utilización de un sistema que para muchos puede resultar complicado, pero que teniendo la paciencia y las ganas de hacerlo, te pueden llevar al éxito buscado, en un mundo cada día más competitivo, más aguerrido y sobre todo, con una competencia más "encarnizada" entre los cibernautas.

El SEO solido

Si usted pasa mucho tiempo investigando SEO, podrás encontrar cosas de esta información repartidos por todo el lugar.

Por ejemplo, usted encontrará clichés como "calidad antes que cantidad", y "no construir su negocio sobre la arena de SEO".

Mientras tanto, aquellos que son ambas verdaderas, que en realidad no son tan útiles. Por el contrario, las empresas que utilizan SEO deben tener todo establecido para ayudar a construir una solidez a sitios web que sólo suben en el SERPS - nunca hacia abajo.

Y mi manera de ayudarle, será cómo recuperarse de estas actualizaciones, y cómo crear nuevos sitios web con estas actualizaciones en mente.

Destapar el sitio del olvido

Realizar estos cambios, han matado a sus sitios web existentes, hay algunas cosas que usted debe hacer para lograr el "resucítalos "como parte de una estrategia SEO:

1. Empiece a conducir el tráfico desde otros lugares es decir, YouTube, sitios para compartir documentos, comunicados de prensa, ** REAL ** comentarios en blog, artículos como invitado, y la autentificación de artículos en otros sitios como comentarios. Tráfico de pago no puede hacer daño o bien (que no tiene por qué ser de cientos de Clics por día).

Recuerde que Google le gusta sitios Web populares de alta calidad. Si en su sitio está recibiendo visitantes de todo el mundo a través de Internet, lo cual es mucho mejor que a Google le encanta.

Y antes de empezar a pensar que "Google no puede ver todo", recuerda que Google es propietario de YouTube. Se ve cuando la gente haga clic a YouTube a tu sitio... o, cuando no lo hacen.

2. Mira el porcentaje de abandonos de su sitio. ¿Son extremadamente altas? Si es así, añadir algunos videos para que los visitantes vengan y estén más tiempo en su sitio. Haga sus artículos más largos, originales sobre todo en texto, más texto que otra cosa, que es lo que más valora Google, y más atractivo.

"Los Secretos para Utilizar SEO (versión en español)

Coloque las herramientas o "ganchos" adicionales en sus sitios que logren el objetivo de retener a los visitantes y hacerlos regresar con lo interesante que puede ser su página o blog.

El secreto aquí es hacer todo lo posible para hacer que sus visitantes permanezcan más tiempo.

Cuanto más tiempo este las gente leyendo tu sitio / ver sus videos, y más Google piensa "oh, la gente hace las cosas bien, como en este sitio". Ir o subir contenido de alta calidad, no sólo cantidad.

3. Si es posible, cambie el texto de anclaje de los back Links entrantes. Dado que este por lo general no es posible, en gran medida modificar el texto de anclaje que viene de aquí en fuera. Use palabras clave similares, pero no intentes seguir usando la palabra clave principal cada que puedas al infinito, inténtalo sola una vez.

Como se mencionó anteriormente, esto sólo se ve más natural. Si un grupo de bloggers se vincula a algo en su sitio, ¿cuáles son las posibilidades de que todos vamos a utilizar su palabra clave principal como su texto de anclaje \esto puede ser extremadamente bajo, también conocido como no se ve natural, alias no lo hagas.

4. A partir de ahora, diversificar, diversificar y diversificar. ¿Quieres conducir el tráfico a través de los vínculos de retroceso de calidad de múltiples fuentes con textos de anclaje variables? Esa es la forma del "juego" con el SEO de aquí en adelante.

Y con eso, usted tendrá un tipo de SEO que será sólida como una roca por un largo tiempo. Como los cambios de Internet, constantemente se disputarán spam. No quiero ser un spam dando esta información, y sobre-optimizado de algún modo su sitio web así. En su lugar, quieren parecerse un sitio sólido, útil que los visitantes le tomen adicción hasta cierto punto, siguen llegando de nuevo, y compartir con sus amigos y familiares el mismo.

5. Para evitar que los visitantes de su sitio se vayan y estén mucho más tiempo, hacer un montón de enlaces internos entre páginas y entradas. Wikipedia hace esto, y que hace que sea mucho más fácil encontrar lo que estás buscando a veces.

Así, por ejemplo, digamos que usted tiene un artículo que habla sobre cómo entrenar a un pastor alemán cómo se siente. Bueno, si usted también escribió un artículo que explica cómo entrenar a su Pastor alemán con una gran cantidad de datos donde entrelacemos más información, usted debe vincular a eso. La persona puede estar interesada en leer eso.

6. Súbase al carro de las redes sociales. Facebook y Twitter es la estrategia a seguir, pero usted puede utilizar Reddit, StumbleUpon, Digg, Pinterest y mucho más sitios de esta naturaleza para lograr tráfico a sus sitios. Desde Internet se sigue moviendo hacia el aspecto social, ir con la tendencia.

El desarrollo de su nuevo sitio con el poder completo de SEO

Algo muy parecido a la recuperación de un nuevo sitio web del olvido. La ventaja con un nuevo sitio es que no está contaminada todavía. Así que aunque usted puede estar compitiendo con muchos sitios que tienen más vínculos de retroceso, si back Links son spam o todo el mundo es igual ancla textos-que podría superar en las SERPs.

Así que cuando usted construye nuevos sitios, esto es lo que recomiendo:

1. Construir un sitio con una marca de poder, fácil de recordar el nombre. La gente probablemente no recordará algo así como "howtotrainyourGermanSheperd.com" como fácilmente como lo recordaría "TrainYourShep.com" o algo por el estilo.

Recuerde que usted quiere construir un sólido negocio, no sólo un sitio que un motor de búsqueda optimizado no lo vaya encontrar. Tráfico en todas partes, y decirle a la gente para ir a "HowtoTrainYourGermanSheperd.com" simplemente no se ve, porque no está optimizado para ser encontrado.

2. Dirigir el tráfico a través de los vínculos de retroceso. El método de la vieja escuela de la espalda de la vinculación era encontrar sitios web que Google lo sabía la gente no necesariamente mirar mucho. Perfiles, Asesoramiento, etc.

Los que no funcionan tan bien como lo hizo una vez. En su lugar, usted tiene que poner back links donde la gente está colgando o posteando. Escribir artículos como invitado de blogs en nichos de autoridad a continuación, enlace a su sitio web. Ponga algunos buenos videos y crear un canal de YouTube de nuevo, con enlaces a su sitio. Escribir artículos de calidad y obtener los indicados a través de la web.

Google no quiere ver lo que usted tiene, como vínculos de retroceso de calidad. También quiero destacar el tráfico que llega a través de dichos enlaces. Eso hace que su sitio se vea muy popular, por lo que es más alto rango en los SERPs.

3. Varíe su texto de anclaje. Puesto que usted está recién empezando, esto será muy fácil hacer. Utilice palabras clave que son similares a la principal que vamos a ir, pero no exactamente el mismo. Al menos, no todo el tiempo.

Así que si usted está apuntando la palabra clave "cómo recuperar a tu novio de vuelta", puede utilizar palabras clave como obtener su novio de vuelta, cómo recuperar a tu hombre, obtener su novio de vuelta rápida, recuperar a tu novio, ganar su novio de vuelta, etcétera

De esta manera, no se ven casi como spam mi Google. Sigues diciendo lo mismo (por lo que la gente haga clic a través de su sitio), pero lo está haciendo de una manera más natural, legítima y también "inteligente" que no se note algo forzado para los buscadores de que a fuerza queremos ser encontrados.

4. Establecer vínculos con velocidades cada vez mayores. Con esto quiero decir que se inicia lento algunos enlaces al día y rápidamente se incrementará.

Muchos de los profesionales de SEO optan por la velocidad de conexión más que en la cantidad o calidad.
Dicen que mientras usted está siguiendo lo que parece ser un patrón natural, Google te lo agradecerá.

Así, por ejemplo, tal vez para la primera semana pones 3-5 enlaces al día. A la semana siguiente, se puso 5-7. La semana que viene puede ser 7-13 por día. A continuación, sólo seguir aumentando, hasta que el punto que usted está construyendo docenas o incluso cientos por día.

** Tenga en cuenta que esto no funciona tan bien para los mayores sitios con toneladas de back links ya. Google ya ha visto sus velocidades de enlace de rebotar por todo el lugar, por lo que será más difícil de conseguir que esto funcione del todo bien.

5. Utilice los sitios de redes sociales desde el primer momento. Facebook, Pinterest, reddit, Twitter, todas estas cosas sólidas construir vínculos de retroceso a su sitio web. Puede dirigir el tráfico a través de ellos y hace que tu sitio aparezca como una autoridad.

Además, si usted consigue algunos fieles seguidores, es muy fácil para ellos para compartir su sitio de Fan Page en Facebook y Twitter! Reunirse con ellos donde está, que es etc. Es decir lograra incrementar aún más sus visitantes y también el retener a más personas, obtener as fuente de tráfico, etc.

El empleo de esta herramienta, debe como hemos comentado y te habrás dado cuenta, ser pensada y planeada la manera en que le emplearas, sobre todo, porque muchas veces, el no aplicar los conocimientos adecuados, puede causarnos problemas a futuro, como puede ser el hecho de no tener ni generar el principal objetivo, que es el de tener la mayor cantidad de visitas en nuestros sitios, para que se pueda traducir en conversión, y si es económica aún mejor, sobre todo si el sitio está enfocado a algún nicho de mercado que tengas establecido.

Al realizar siempre una planeación para aplicar SEO, como todo, intentemos desde un inicio su planificación, aunque nos lleve un poco de tiempo hacerlo, pero esto es preferible a que después sea más costoso en tiempo, e incluso dinero.

Muchas de las grandes empresas, incluso me atrevería a decir que el 99% de ellas, emplean de alguna u otra manera SEO, y de ahí el éxito que tienen, así como también algunos particulares que han logrado entender de qué se trata, y la importancia que esta representa, y que incluso es preferible contratar los servicios de los expertos para ello, sobre todo, si estas iniciando o no tienes el tiempo para estar en estas labores de planeación de esta herramienta tan importante para cualquier sitio web.

Conclusión

Tomando el tráfico a través de SEO no tiene que ser difícil. La gente hace que sea difícil. Sólo porque se centran exclusivamente en SEO, pero eso no lo hace un negocio de Internet bien redondeado.

La clave para SEO hoy y para el futuro es presente a crear contenido de calidad y dirigir el tráfico a través de vínculos de retroceso de varios sitios web que utilizan diversos textos de anclaje.

Si simplemente hacer eso, su negocio va a crecer Estás construyendo múltiples flujos de tráfico, por lo que su negocio sea más mercable, y en última instancia, aumentar su posicionamiento SERP al mismo tiempo.

¿Qué estás esperando? Ahora ve y toma y aplica un poco de SEO para su sitio web, y consigue ese tráfico que estas esperando desde hace tiempo, ahora ya conoces algunos de "Los Secretos para utilizar SEO" e incrementar el valor, retención de visitantes y trafico web a tus sitios para poderlos potencializar y llevar hasta el nivel que tú quieres, para monetizarlos o tener conversiones monetarias.

Espero haberte ayudado en algo con los tips o secretos que te hemos comentado hasta aquí. ¡SUERTE!

Contacto con el autor:

Contacto:

Ingresa a nuestro sitio, suscríbete, y llévate un obsequio gratis:

www.escuelademarketingglobal.com
www.escuelademarketingglobal.net

escuelademarketingglobal@gmail.com
freelancenegocio@gmail.com

https://www.facebook.com/Escuela-de-Marketing-Global-938055646252015/

@e_marketing_g

"Los Secretos para Utilizar SEO (versión en español)

"Los Secretos para Utilizar SEO (versión en español)" – Salvador Ferreira Franco

Copyright- registro en www.safecreate.com:
Código 1209202373274
Fecha 20-sep-2012 16:54 UTC
Licencia: Todos los derechos reservados
México

Publicado por: www.escuelademarketingglobal.com

Ingresa a nuestro sitio, suscríbete, y llévate un obsequio gratis:

www.escuelademarketingglobal.com

Libro protegido con derechos de autor registrados en www.safecreate.com:

Copy rigth

"*Los Secretos para Utilizar SEO (versión en español)*